AF531775

जीत के मंत्र

सफलता के रहस्य

पुष्पेश पन्त

रूपा

प्रकाशक
रूपा पब्लिकेशन्स् इंडिया प्राइवेट लिमिटेड 2014
7/16, अंसारी रोड, दरियागंज
नई दिल्ली 110002

सेल्स सेन्टर:
इलाहाबाद बैंगलौर चेन्नई
हैदराबाद जयपुर काठमाण्डू
कोलकाता मुम्बई

ISBN: 978-81-291-3562-9

प्रथम प्रकाशन 2014

10 9 8 7 6 5 4 3 2 1

मुद्रक
न्यूटेक फोटोलिथोग्राफर्स, नई दिल्ली

विषय-सूची

भूमिका

नरेन्द्र मोदी के नेतृत्व में भाजपा की ज़बर्दस्त जीत ने भारत को ही नहीं पूरी दुनिया को दंग कर दिया। यह कहना शायद ठीक नहीं कि इस जीत का अंदेशा किसी को नहीं था पर यह ज़रूर सच है कि किसी को भी इतनी भारी जीत का अंदाज़ नहीं था। बुरी तरह परास्त होने के बाद सभी विपक्षी दल अपनी हार के लिए किसी दैवी आपदा जैसे संयोग को ज़िम्मेदार ठहराने की कोशिश करते नज़र आ रहे हैं। कुछ इस 'चमत्कार' के लिए अरबों रुपए खर्च कर जारी किए विज्ञापनों को दोष देते नहीं थकते, जिन्होंने 'भोली' जनता को गुमराह कर दिया। इस दलील को कबूल करें तो 'बिके हुए मीडिया' की मदद के कारण ही मोदी की महामानव जैसी करिश्माई छवि का निर्माण हो सका जिसने मोदी लहर को

उफान दिया–जिसने जल्दी एक सुनामी की शक्ल ले ली–और जो अपनी राह में सभी को बहा ले गयी। करारी शिकस्त का दर्द सहने में नाकाम सत्ता से विस्थापितों का दर्द समझा जा सकता है परंतु सच यह है कि मोदी की जीत की असलियत का राज़ किसी तिलिस्म में छुपा नहीं। ज़रा सी कोशिश करने से यह बात साफ हो जाएगी कि इस जीत की बुनियाद उन आज़माए हुए 'नुस्खों' पर रखी गयी थी जो इससे पहले भी जाने कितने कामयाब इंसानों द्वारा अपनाए जा चुके हैं।

कामयाबी की सबसे पहली, और सबसे अहम सीढी है अपनी **मंज़िल का पता** होना। इसे आप लक्ष्य या निशाने पर पैनी सधी नज़र का नाम भी दे सकते हैं। जब आपको पता हो कि आपने कहां और किधर जाना है तभी वहां तक पहुंचने वाले रास्ते की तलाश में उस दिशा में कोई कदम उठाया जा सकता है।

कोई भी बड़ा काम आसान नहीं होता। रास्ते में बहुत सारी रुकावटें आती ही हैं और खतरनाक चुनौतियों का सामना भी करना पड़ सकता है। इसलिए यह बहुत ज़रूरी है कि **हौसला और हिम्मत** हमेशा साथ दें। खुद पर भरोसा तो चाहिए ही, साथ चलने वालों मददगारों में भी जोशो खरोश

बनाए रखे बिना मकसद पूरा नहीं हो सकता। **आशावादी और सकारात्मक सोच** इस काम में मददगार होते हैं।

फिर बारी आती है **तैयारी** की। चाहें तो इसे कोई दूसरा नाम दे सकते हैं–'प्लैनिंग' या 'स्ट्रैटेजी'–कुछ फर्क नहीं पड़ता। असली चीज़ है मंज़िल तक पहुंचाने वाले सफर के लिए नक्शा तैयार करना, रास्ते के जोखिमों, मुश्किलों की जानकारी जुटाना और इस बात की जांच पड़ताल कि हमें कामयाब होने से रोकने के लिए 'दुश्मन' किस तरह की चालें चल सकते हैं या किसी खतरनाक जाल में फंसा सकते हैं। अपनी ताकत और कमज़ोरी का सही–सही अंदाज़ा लगाना इसी तैयारी का हिस्सा होता है। इतिहास में अपना नाम अमर कर गए सेनानायकों की जीवनियों से पता चलता है कि कुशल रणसंचालन ही किसी अभियान की सफलता को तय कर सकता है। अपनी शक्ति का सदुपयोग करने के लिए किसी भी नेता-नायक के लिए स्पष्ट लक्ष्य निर्धारित करने होते हैं। इस लक्ष्य की प्राप्ति के लिए एकाग्रचित्त हो कर समुचित रणनीति बनाना सबसे अहम कदम है। रणनीति से विचलित न होने के लिए पक्के इरादे और कठोर अनुशासन की ज़रूरत के बारे में दो राय नहीं हो सकती है। इसके साथ ही अपने साथियों का हौंसला और जोश बनाए रखने के लिए

नेता-नायक में आत्मविश्वास और दूसरों को भी जोश से भर सकने की काबिलियत की दरकार होती है।

तैयारी तब तक किसी काम की नहीं जब तक मंसूबे पूरा करने के लिए **पक्का इरादा** न हो और यह पक्का इरादा, **अथक मेहनत और कड़े अनुशासन** के साथ जुड़ा न हो। इसके बिना कोई भी इंसान कामयाब नहीं हो सकता। इतिहास में जितने भी ऐसे महापुरुष हुए हैं जिनकी जीत हमें करिश्माई लगती है खुद इस बात को कबूल करते हैं कि उनकी सफलता या जीत में 'जीनियस' का योगदान १ प्रतिशत और परिश्रम का योगदान ९९ प्रतिशत रहा है! बिना थके, बिना कराहे, कष्ट सहते अपने पथ पर चलते जाना तभी संभव है जब आपको लगता है कि जो कुछ आप हासिल करने की कोशिश कर रहे हैं वह महज़ खुदगर्ज़ी नहीं–जिस काम का बीड़ा उठाया गया है उसके पूरा होने से जाने कितने लोगों का भला होने वाला है यह एहसास ही अदना इंसानों को भी बड़ी कुरबानियां देने लायक बना देता है। **सेवा का भाव, आस्था और देशप्रेम** का जज़्बा इसके लिए बेहद ज़रूरी है।

सबसे बड़ी चुनौती है **सपनों की साझेदारी।** इसके बिना किसी भी संघर्ष में सहयोगियों–अनुचरों की भागीदारी को सुनिश्चित नहीं किया जा सकता। यह तभी मुमकिन है जब

नेता अपने सपने को आम आदमी की चाहत और उम्मीदों से अनायास जोड़ सके। अपने मंसूबों को पूरा करने के लिए दूसरों को कुरबानी या त्याग के लिए तैयार नहीं किया जा सकता। यह याद रखने लायक है कि किसी न किसी आदर्श या मूल्य अथवा विचार की प्रतिष्ठा या रक्षा के लिए ही मनुष्यों को निस्वार्थ आचरण के लिए प्रेरित किया जा सकता है। किसी भी सेनानायक या लोकनायक के लिए अपने समर्थकों-सहायकों के साथ निरंतर संवाद जारी रखना बेहद ज़रूरी होता है। उसके प्रबंध कौशल की सबसे बड़ी कसौटी यही है–भरोसा गंवा देने के बाद नेता की ताकत बची नहीं रह सकती। इस काम के लिए नई पहल करने का साहस नेता में होना चाहिए। आधुनिकतम टैक्नौलौजी के इस्तेमाल की मदद से मोदी नए सोशियल मीडिया में छा गए। इसमें बहस की गुंजाइश नहीं कि ट्विटर, फेसबुक, गूगल हैंग आउट ३-डी होलोग्राम वाली वर्चुअल रैलियों ने उन्हें अपने प्रतिद्वंद्वियों से कहीं ज़्यादा ताकतवर बना दिया। वह अपना संदेश हर जगह पहुंचा सके और आम आदमी से सपनों की और सोच की साझेदारी करने में कामयाब हुए।

नरेन्द्र मोदी की 'जीत के मंत्र' किसी जादूगर की पिटारी से

निकाले तंतर-मंतर या जंतर नहीं थे बल्कि तजुर्बे से हासिल तरकीबों और तदबीरों का इस्तेमाल करने का हुनर थे। अपने आप भर भरोसा, कड़ी मेहनत और रास्ते की रुकावटों से घबराए बिना चुनी राह पर बढे जाना और सबको अपने साथ ले कर चलने का इरादा चुनावी मैदाने जंग में फतेह दिलाने वाले साबित हुए।

हमारा मानना है कि कोई भी इंसान अपनी कामयाबी के लिए इन मंत्रों का इस्तेमाल कर सकता है। आदमी अपना नसीब खुद बनाता है। जीत के लिए किस्मत नहीं इंसान की मेहनत ही अहम होती है। हमेशा। सकरात्मक सोच, जीवट एवं अथक परिश्रम का कोई विकल्प नहीं।

1

हौसला और हिम्मत

महाभारत में एक मज़ेदार कहानी है जिसमें हमें बताया गया है कि धनुष चलाने में महारत हासिल करने के लिए अर्जुन जिस वक्त पेड़ की शाख पर बैठी चिड़िया पर निशाना साध रहा था उसे सिर्फ उस चिड़िया की आंख ही नज़र आ रही थी पेड़ की टहनी तक उसकी नज़र से ओझल थी–आस-पास की दुनिया की हलचल से वह बिल्कुल बेखबर था। गुरु द्रोणाचार्य ने जब उससे पूछा–क्या दिख रहा है? तो उसने यही जवाब दिया। जब तक निशाने पर ऐसी सधी, पैनी नज़र न हो और मन इतना एकाग्रचित्त न हो तब तक यह नहीं कहा जा सकता कि लक्ष्य शर्तिया प्राप्त कर ही लिया जाएगा।

मंजिल साफ नज़र आ रही हो, या निशाने पर पैनी नज़र टिकी हो, तब भी आत्मविश्वास की कमी सफर को दूभर बना सकती है और निशाना चूक सकता है। इसीलिए अपनी हिम्मत न खोने और साथ वालों की हौसला अफजाई की अहमियत को नकारा नहीं जा सकता।

पुरानी कहावत है, 'हिम्मते मर्दां मददे खुदा' जिसका तर्जुमा लगता है एक अंग्रेजी मुहावरा, 'फोरच्यून फेवर्स दि ब्रेव'। सच है बिना हिम्मत और हौसले के कुछ भी हासिल नहीं किया जा सकता। लड़ाई के मैदान में नायाब सूझबूझ के लिए मशहूर नेपोलियन बोनापार्ट का कहना था कि कामयाबी के लिए सिर्फ एक चीज ज़रूरी है–'दिलेरी, दिलेरी और दिलेरी!' एक ही लफ्ज को तीन बार दोहरा कर वह इस गुण की अहमियत पर जोर दे रहे थे। किसी भी मुश्किल या नामुमकिन लगने वाले लगने वाले काम को कर दिखाने वाला जांबाज इंसान ही कामयाब हो सकता है। पुरानी सीख याद रखने लायक है, 'मन के हारे हार है, मन के जीते जीत!'

नरेन्द्र मोदी की जीत का रहस्य भेदने के लिए यह समझना ज़रूरी है कि कितनी सूझबूझ से उन्होंने न सिर्फ अपना हौसला साल भर से ज्यादा वक्त तक बरकरार रखा बल्कि

अपने साथियों और समर्थकों को भी लगातार जोशीला बनाए रखने मे कामयाब रहे।

जिस समय मोदी ने अपने इरादों का इजहार किया उस वक्त तक चुनावों का एलान नहीं हुआ था। तब यह नहीं लगता था कि मोदी अपने दल में भावी प्रधानमंत्री पद के दूसरे तमाम उम्मीदवारों को पछाड़ कर आगे निकल जाएंगे और आखिरकार अकेले-अनोखे सिपहसालार बन जाएंगे। 'भाजपा को अपने बल बूते पर स्पष्ट बहुमत मिल सकता है', ऐसा सोचने वाले मुंह खोलते घबराते थे। मोदी ने अमेरिकी राष्ट्रपति बराक ओबामा के चुनाव अभियान से प्रेरणा लेते हुए शुरू से ही यह नारा बुलंद किया–'हम यह कर सकते हैं, और कर दिखाएंगे'। हिन्दी मे भाषण करने वाले मोदी ने बेहिचक ओबामा का अंग्रेजी मुहावरा अपना बना लिया–'यैस वी कैन!'

उस समय कुछ लोगों ने यह कह कर उनका मजाक उड़ाने की कोशिश की कि वह अमेरिकी राष्ट्रपति की नकल कर रहे हैं। हकीकत यह थी कि यह नकल बहुत अकल के साथ की जा रही थी। ओबामा ने अपना पहला चुनाव अभियान 'बदलाव' को सबसे बड़ा मुद्दा बना कर लड़ा था और मतदाता

की चाहत का सही अंदाजा लगाया था। मोदी का सबसे अहम मुद्दा भी बदलाव ही था। देश की जनता दस साल से कमरतोड़ मंहगाई और जानलेवा भ्रष्टाचार से परेशान थी वह बदलाव के लिए बेचैन थी। यह बात समझने की ज़रूरत है बदलाव की यह चाहत सिर्फ चुनाव में एक दल या गठबंधन की जगह दूसरे दल या गठबंधन को लाने तक सीमित नहीं थी। खुद्दार नौजवान हिंदुस्तानियों को यह बात भी बहुत नागवार गुजर रही थी कि केन्द्र की सरकार हो या सूबे की उनकी लाचारी ने दुनिया में हिंदुस्तान का कद बौना बना दिया था और उन्हीं की लाचारी की वजह से बेरोजगारी बढती जा रही थी।

जनतंत्र में चंद ताकतवर कुनबों की इजारेदारी की वजह से आम आदमी की भागीदारी नामलेवा भी नहीं रह गयी थी। यूपीए की सरकार में सबसे ज्यादा निराशा प्रधानमंत्री को ले कर थी। न तो वह अपने साथी मंत्रियों को काबू में रख पा रहे थे, और नही बिगड़ती कानून व्यवस्था को सुधारने के लिए कभी हरकत में आते दिखलाई देते थे। ऐसा लग रहा था कि अगर ऐसी ही लकुए की मारी सरकार चलती रही तो न तो आर्थिक तरक्की हो सकती है और न ही किसी को सामाजिक इंसाफ मिल सकता है। थकी-हारी सरकार पस्त

हिम्मत हो चुकी थी और उससे किसी बदलाव की उम्मीद नहीं की जा सकती थी। किसी भी बड़े नेता का हाव-भाव देखने सुनने वालों का को आशा या जोश से नहीं भर सकता था। ऐसे माहौल में जब मोदी ने 'येस वी कैन!' की ललकार सुनाई तो ऐसा लगा कि शायद अब थोड़े बहुत बदलाव की गुंजाइश हो सकती है।

एक और बात ध्यान देने लायक है। मोदी की छवि गुजरात के मुख्यमंत्री के रूप में जोशीले नेता की ही रही है। चुनाव अभियान के दौरान इस छवि को उनके तौर तरीकों ने और भी चमकीला बनाया। तेज कदम रखते वह मंच पर चढते, बुलंद आवाज में जुटी भीड़ को संबोधित करते और भाषण खत्म होने के बाद 'वंदे मातरम्' का नारा तीन बार क्रमशः उसकी रफ्तार बढाते हुए बुलंद करते थे। भीड़ उनका साथ देती थी और खुद ब खुद जोश से भर कर लौटती थी। सुनने वालों को लगता था, 'हां, है इस बंदे में कुछ बात!'

पटना वाली 'हुंकार रैली' मे अचानक बम धमाकों के बाद भी जिस दिलेरी के साथ मोदी ने भाषण जारी रखने का फैसला किया उससे यह बात और भी अच्छी तरह साबित हो सकी कि इस नेता में हिम्मत की कमी नहीं। जब भीड़ में

भगदड़ नहीं मची तब टेलिवजन पर यह 'तमाशा' देखने वाले नुक्ताचीनों के लिए भी यह कहना मुश्किल हो गया कि मोदी महज अपनी गली में ही गुर्रा सकते हैं, दूसरे शेर की मांद में घुस कर उसे चुनौती देने का दम उनमें नहीं।

लखनऊ में कभी पहलवान रहे नेता जी के अखाड़े में पहुंच कर मोदी ने जरा मजाहिया पर चुभते अंदाज में खम ठोंके–'उत्तरप्रदेश को गुजरात बनाना आसान नहीं, इसके लिए ५६ इंच का सीना चाहिए!' मोदी भाषण देते वक्त कुर्ते की आस्तीनें नहीं चढाते थे और नही उन्हें अपनी आवाज ऊंची करनी पड़ती थी इसी लिए जो कुछ वह कहते थे ज्यादा भरोसेमंद लगता था।

एक पुराने फिल्मी गाने की पंक्ति है–'किस्मत पर भरोसा है तो दांव लगा ले' पर कोई भी कामयाब इंसान किस्मत के भरोसे बैठा नहीं रहता। मोदी को अपनी मेहनत पर भरोसा था और वह हमेशा 'तकदीर' से ज्यादा अहम 'तदबीर' को समझते रहे हैं।

इस पूरे किस्से से एक और सीख मिलती है जो भुलाई नहीं जा सकती। एक इंसान की हिम्मत और हौसले से ही कोई बड़ा काम पूरा नहीं हो सकता और नही अकेला सिपाही जंग जीत सकता है। इसके लिए साथ चल रहे सभी मददगार लोगों

की जमात में भी ऐसे ही हिम्मत और हौसले की ज़रूरत होती है। इसके लिए सिर्फ हौसला अफजाई की लफ्फाजी काफी नहीं हो सकती। हर एक इंसान को उसकी ताकत का एहसास कराए बिना काम नहीं चल सकता। देश भर में अपने भाषणों में मोदी एक सवाल पूछना कभी नहीं भूलते थे–'भाइयो और बहिनो क्या ऐसा होने दोगे?' अर्थात् 'सब कुछ ऐसा ही चलते रहेगा?' फिर पूछते, 'खुदगर्ज, बेईमान कुनबापरस्त अपने चुने नुमाइंदो से नाता तोड़ेगे?' हर जगह हर बार जनता एक आवाज में जवाब देती–तोड़ेंगे! और इसके साथ ही मोदी का भाषण सुनने वालों का आत्मविश्वास कई गुना बढ जाता।

मोदी कभी भी अपनी ताकत का ढिंढोरा नहीं पीटते थे। वह बार बार यह बात दोहराते थे कि उन्हें अपनी जीत का भरोसा इसी लिए है क्योंकि जनता उनके साथ है और वह बदलाव चाहती है। अपने आत्म विश्वास से दूसरों को जोश में भरने, कुछ कर दिखाने के लिए तैयार करने के लिए ज़रूरत होती है सकारात्मक सोच की–गहरी आस्था और अटूट आशा की। मोदी इसे अच्छी तरह समझते थे।

2

सकारात्मक सोच: आस्था, सेवा और कर्तव्य

कहावत है 'जब तक सांस तब तक आस' मगर यह भी कम सच नहीं कि आस नहीं रहने पर सांस टूटते देर नहीं लगती। आशावादी स्वभाव और सकरात्मक सोच के बिना जीत की बात करना बेकार है। अपने विरोधियों के बिछाए जाल में फंसने से बचते हुए बिना उनके लगाए इल्जामों का जवाब देने में वक्त बरबाद किए मोदी अपने सकारात्मक कार्यक्रम का ही बखान करने में लगे रहे।

३० अप्रेल २०१४ को छपरा और हाजीपुर में मोदी ने जोर

देकर कहा कि **'यह चुनाव एक नयी आस्था के बारे में है।' 'यह चुनाव आशा, आस्था और बदलाव के बारे में है।'** कुछ दिन बाद पश्चिम बंगाल में लफ्जों से खेलते हुए मोदी ने भरोसा दिलाया, 'भाजपा की राजनीति बदले की नहीं बदलाव की है!' 'मेरे अजेंडे में विकास के सिवा कुछ नहीं!'

मई २०१४ को डोमरियागंज उत्तर प्रदेश में मोदी ने इस बात पर जोर दिया कि **'हिंदुओं और मुसलमानों को आपस में नहीं बल्कि एकजुट हो कर गरीबी के खिलाफ लड़ना चाहिए!'** इसी महीने उन्होंने अमेठी की एक सभा में कहा **'मैं यहां आया हूं नौजवानों के दिल में आशा के बीज बोने के लिए'।** लगातार आधे भरे गिलास की बात करते मोदी ने लोगों में यह भरोसा जगाया कि जिस बदलाव के लिए वह बेकरार हैं उसे लाने का काम मोदी ही कर सकते हैं।

भरोसेमंद छवि: विश्वसनीयता

अपनी 'निर्णायक नेता' वाली छवि को मोदी लगातार मजबूत बनाने में और ज्यादा से ज्यादा लोगों तक पहुंचाने में लगे रहे। अपने भाषणों में, जिनमें हाजीपुर की विशाल जनसभा वाला संबोधन उल्लेखनीय है, उन्होंने इस बात को जनता के सामने रखा कि **'सरकार बचाने से कहीं ज्यादा महत्वपूर्ण**

काम देश बचाना है' और **'इस चुनौती का सामना कोई लाचार सरकार नहीं बल्कि एक मजबूत सरकार ही कर सकती है।'** वादे करने के बाद उनको पूरा न कर सकने वाली सरकार को कमजोर ओर लाचार ही समझा जा सकता है। इस काम के लिए अपने को सबसे ज्यादा लायक उम्मीदवार जतलाते हुए मोदी ने दो टूक कहा **'मैं वादे नहीं इरादे ले कर आपके सामने आया हूं।'**

अपने प्रतिपक्षियों पर कोई व्यक्तिगत इल्जाम लगाए बिना उन्होंने अपनी विश्वनीयता की नींव रखने में कामयाबी हासिल की। पूरे चुनाव अभियान में उनकी मुद्रा विनयी बनी रही। लगभग सभी जगह एक बात वह दुहराते थे, 'देश को शासक की नहीं, सेवक की ज़रूरत है। साठ साल शासक देख लिए अब साठ महीने सेवक को देख लो।' इसके बाद श्रोताओं को 'अबकी बार मोदी सरकार' की गूंज स्वाभाविक रूप से तर्क संगत लगने लगती थी।

मोदी ने अपने भाषणों में शब्दों का चुनाव बड़ी सावधानी बरतते हुए किया–मसलन उन्होंने उन्नाव के भाषण में कहा, 'मैं बड़े-बड़े सपने दिखाने वाला इंसान नहीं हूं।' पर यह जोड़ना ना भूले 'आपके सपने पूरे करने का मैं वादा करता हूं।' इसने उन्हें हर श्रोता से जुड़ने का मौका दिया जो अपने

व्यक्तिगत सपने को पूरा करने की आशा उनसे करने लगा।

पस्त हिम्मत हो रहे अवाम में नई उम्मीद पैदा कर उसे जोशीला बनाने के लिए मोदी ने बदलाव को अहमियत दी। उन्होंने यह सुझाया कि जड़ता से परेशान जनता परिवर्तन चाहती है। वह अकसर यह कहते थे कि इस बार चुनाव राजनैतिक पारटियां या नेता नहीं लड़ रहे, बल्कि देश की जनता लड़ रही है।

मोदी और उनके साथी सलाहकार इस बात की अहमियत समझते थे कि जनता के साथ पुरअसर संवाद स्थापित करने के लिए और उसे प्रेरित-प्रोत्साहित कर उसकी हौसला अफजाई के लिए आशावादी स्वर ही प्रधान रहना चाहिए। यह आशावादिता मोदी के हाव-भाव, तौर-तरीको में भी झलकती थी और ओजस्वी भाषण शैली में भी। वह पूछते थे यह परिवर्तन कैसे आ सकता है? तो खुद ही इसका जवाब भी दूसरे सवाल में सुझा देते, **‘जिन्होंने वादा तोड़ा है उनसे नाता तोड़ोगे या नहीं?’**

अगर किसी के मन में कोई बचा खुचा शक या शुबहा हो तो उसे भी वह फौरन दूर करते रहे। विपक्षी लगातार यह प्रचार करने में जुटे थे कि मोदी एवं भाजपा को बहुमत मिल

ही नहीं सकता इसिलए अतः उनको दिया मत बेकार ही जाएगा। आत्म विश्वास से भरे मोदी ने हाजीपुर में जो ऐलान किया था वह नतीजे आने पर सच साबित हुआ–**'यह चुनाव अंकगणित का नहीं है सवा सौ करोड़ देशवासियों के मन की कैमिस्ट्री का चुनाव है!'**

मोदी बार बार इस बात पर जोर देते रहे कि यह चुनाव **'नयी आशा का चुनाव है, नये विश्वास का चुनाव है नये भरोसे का चुनाव है**।' आशा-आकांक्षा-अपेक्षा का जब वह आह्वान करते तो छोटे बड़े शक-शुबहे जाने कहां गायब हो जाते। मोदी के मुंह से 'नये विश्वास' की बात सुन कर कमजोर श्रोता का आत्म विश्वास भी बढने लग जाता। भरोसे का जिक्र जहां मोदी की भरोसेमंद शख्सियत के साथ जुड़ता तो वहीं उनका मुकाबला करने वालों की विश्वसनीयता पर गंभीर सवालिया निशान भी खड़े कर देता।

यहां यह बात समझने की आवश्यकता है कि यह महज लफ्जों की जादूगरी नहीं थी जो सुनने वालों को मंत्रमुग्ध कर देती थी। गुजरात के मुख्यमंत्री के रूप में मोदी का कार्यकाल और उपलब्धियां सुनने वालों के मन में भरोसा पैदा करती थीं।

हिंदुस्तान सदियों से सब कुछ तज कर समाज सेवा या

निःस्वार्थ भाव से परोपकार का काम करने वालों को बड़े आदर से सर माथे पर बिठाता आया है। बिना फल की कामना के अपनी जिम्मेदारी को पूरा करने में लगे इंसान को ही सबसे लायक समझा जाता है। महात्मा गांधी की फकीरी ने ही आजादी की लड़ाई के दौरान करोड़ों का दिल जीता था और चूंकि उन्हें स्वार्थ से ऊपर समझा जाता था इसीलिए उनके फैसले पर कोई सवाल नहीं उठाया जाता था। बापू अपने लेखों मे, प्रवचनों में, चिट्ठियों में हमेशा सप्रेम सेवाभाव तथा पूरी श्रद्धा से सौंपा गया काम पूरा करने को सबसे बड़ी बात मानते थे। बापू का पसंददीदा भजन था 'वैष्णव जन तो तेने कहिए जे पीर पराई जाणे रे, निज उपकार करे पर मन अभिमान ना आणे रे!' जिसका अनुवाद है–उसी को भगवान का असली भक्त समझो जो दूसरे का दुख-दर्द अपना समझता है, ज़रूरतमंद की मदद करता है पर इस बात का घमंड नहीं करता कि वह उस पर कोई एहसान कर रहा है।

महाभारत के संग्राम में जब कुरुक्षेत्र के मैदान में अर्जुन असमंजस में पड़ा घबरा रहा था श्रीकृष्ण ने उसका हौसला बढाते हुए यह कहा था, 'हार जीत की फिक्र मत करो, अपना फर्ज बिना किसी लालच के करते रहो यही सबसे अहम बात है।' याने जो इंसान अपने स्वार्थ से ऊपर उठ कर पूरी

लगन से चुनौतियों से जूझने को मुकाबले में उतरता है वह कामयाबी ज़रूर हासिल करता है।

यह बात जंग पर तो और भी ज्यादा लागू होती है। घर-परिवार, जमीन जायदाद की फिक्र करने वाला सिपाही जान हथेली पर रख कर कभी लड़ ही नहीं सकता। निःस्वार्थ सेवाभाव से अपना फर्ज पूरा करने वाला ही अपने साथियों को इस जोश से भर सकता है 'हम होंगे कामयाब' । आजादी की लड़ाई के दौरान जिन शहीदों ने हंसते-हंसते फांसी के फंदे को गले लगाया था वह सब इस बात को महसूस करते थे कि वह किसी बड़े मकसद के लिए लड़ रहे हैं। बड़े मकसद के लिए कुरबानी देने वाला अदना इंसान भी अपने से कहीं ज्यादा ताकतवर दुश्मन को शिकस्त दे सकता है। इतिहास का यह सबक मोदी ने बहुत अच्छी तरह गांठ बांधा था। मोदी ने अपने चुनाव अभियान में कई ऐसे शब्दों को फिर से लोकप्रिय बनाया जिनका चलन हाल के बरसों में कम होता जा रहा था।

सेवा, श्रद्धा, देश प्रेम, राष्ट्रीय गौरव की बात करने वाले को या तो भोला मासूम समझा जाने लगा था या पाखंडी और मक्कार। जब अरुणाचल प्रदेश में मोदी ने कहा कि 'मैं इस मिट्टी की खातिर अपनी जान दे सकता हूं' तो यह कहा गया

कि वह उग्र राष्ट्रवाद भड़काने की कोशिश कर रहे हैं सिर्फ इसलिए कि इस जुनून में बहका हुआ मतदाता बाकी तमाम अहम मुद्दे भुला कर उनकी पार्टी को ही वोट दे दे। मगर जैसे-जैसे मोदी का चुनावी रथ आगे बढने लगा इन 'पुराने जमाने के लफ्जों' ने चुंबक की तरह लोगों को अपनी ओर खींचना शुरू कर दिया। लोग यह सोचने को मजबूर हुए कि क्या राष्ट्रहित की हिफाज़त की बात बिना राष्ट्रप्रेम या राष्ट्रीय गौरव के ईमानदारी से की जा सकती है? खुद-ब-खुद इसके साथ यह सवाल भी बेचैन करने लगता कि क्या यह सच नहीं कि देश को बरबाद करने वाले खुदगर्ज और मौकापरस्त लोगों की शातिर साज़िश ने ही आदर्शों और नैतिक मूल्यों को सामाजिक जीवन से बेदखल कर दिया है? दुनियादारी को ही सबसे बड़ी अक्लमंदी समझने की उतावली ने ही भ्रष्टाचार को बेलगाम बनाया है।

मोदी निरंतर अपनी निर्णायक नेता वाली छवि को अनायास संवारने में लगे रहे। अपने भाषणों में, जिनमें हाजीपुर की विशाल जनसभा का जिक्र खास तौर से किया जाने लायक है, उन्होंने इस बात को जनता के सामने रखा कि **'सरकार बचाने से कहीं ज़्यादा महत्वपूर्ण काम देश बचाना है'** और **'इस चुनौती का सामना कोई लाचार सरकार नहीं बल्कि एक**

मजबूत सरकार ही कर सकती है।' वादे करने के बाद उनको पूरा न कर सकने वाली सरकार को कमज़ोर ओर लाचार ही समझा जा सकता है। मोदी ने दो टूक कहा **'मैं वादे नहीं इरादे लेकर आपके सामने आया हूं।'**

मोदी ने अपने भाषणों में शब्दों का चुनाव बड़ी सावधानी बरतते हुए किया–मसलन उन्होंने उन्नाव के भाषण में कहा, **'मैं बड़े बड़े सपने दिखाने वाला इंसान नहीं हूं।'** पर यह जोड़ना ना भूले **'आपके सपने पूरे करने का मैं वादा करता हूं।'** इसने उन्हें हर सुननेवाले को अपने से जुड़ने का मौका दिया जो अपने निजी सपने पूरा करने की आशा उनसे करने लगा।

हताश हो रही जनता में नयी उम्मीद जगाने और नया जोश भरने करने के लिए मोदी ने यह समझते हुए बदलाव को अहमियत दी कि बदहाली से परेशान जनता परिवर्तन चाहती है। जब दूसरे दल विचारधारा की बंजर बहस में फंसे थे मोदी अकसर यह कहते कि यह चुनाव राजनैतिक पारटियां या नेता नहीं लड़ रहे बल्कि देश की जनता लड़ रही है। मुकाबले में अपने सामने खड़े लोगों पर कोई तोहमत लगाए बिना उन्होंने अपने को भरोसेमंद साबित करने में कामयाबी हासिल की। इसके बाद भीड़ में शामिल लोगों को **'अबकी बार मोदी**

सरकार' की मांग जायज़ लगने लगती थी।

मोदी और उनके साथी इस बात को अच्छी तरह समझते थे कि जनता के साथ सार्थक संवाद स्थापित करने के लिए उसे प्रेरित-प्रोत्साहित कर उसका मनोबल बढ़ाए रखने के लिए आशावादी स्वर ही प्रधान रहना चाहिए। यह आशावादिता मोदी की शारीरिक भाषा में भी झलकती थी और ओजस्वी भाषण शैली में भी। वह पूछते थे यह बदलाव कैसे आ सकता है? तो खुद ही इसका जवाब भी दूसरे सवाल में सुझा देते, 'जिन्होंने वादा तोड़ा है उनसे नाता तोड़ोगे या नहीं?' भीड़ कोरस में जवाब देती 'तोड़ेगे!'

अगर किसी के मन में कोई बचा खुचा शक सुबहा हो तो उसको जल्द से जल्द दूर करने की कोशिश वह करते रहे। विपक्षी लगातार यह प्रचार करने में जुटे रहते थे कि मोदी एवं भाजपा को तो बहुमत मिल ही नहीं सकता, अतः उनको दिया मत बेकार ही जाएगा। आत्मविश्वास से भरे मोदी ने हाजीपुर में जो ऐलान किया था वह नतीजे आने पर सच साबित हुआ–'यह चुनाव अंकगणित का नहीं है सवा सौ करोड़ देशवासियों के मन की कैमिस्ट्री का चुनाव है!'

मोदी बार-बार इस बात पर जोर देते थे कि यह चुनाव 'नयी

आशा का चुनाव है, नये विश्वास का चुनाव है नये भरोसे का चुनाव है।' आशा-आकांक्षा-अपेक्षा का जब वह आह्वान करते तो आशंका जाने कहां गायब हो जाती। विश्वास की बात सुनकर कमज़ोर श्रोता का आत्मविश्वास बढ़ जाता। भरोसे का ज़िक्र जहां मोदी की विश्वसनीयता के साथ जुड़ता वहीं विपक्षियों की विश्वसनीयता पर गंभीर सवालिया निशान भी खड़े कर देता।

यहां यह बात अच्छी तरह समझने की ज़रूरत है कि यह महज शब्दों की जादूगरी नहीं थी जो सुननेवालों को अपने बस में कर लेती थी। गुजरात के मुख्यमंत्री के रूप में मोदी की कामयाबी का रिकौर्ड उनके मन में भरोसा पैदा करती थीं कि यह आदमी खुदगर्ज या कुनबा परस्त नहीं इसलिए इस पर एतबार किया जा सकता है। **आरा की रैली में मोदी ने जो बात कही उसे साबित करने के लिए कोई सबूत जुटाने की ज़रूरत उन्हें नहीं थी–'मैं गरीब परिवार में पैदा हुआ हूं इसलिए गरीबों का दर्द समझ सकता हूं!'**

3

बेहतरीन तैयारी

मशहूर कहावत है, 'जो जीता वही सिकंदर'। हारने वाले की गल्तियां ही गल्तियां नज़र आती हैं और विजेता ने जो कुछ भी किया हो वह चमत्कारी रणनीति से कम नहीं नज़र आता। इस वक्त मोदी के बारे में भी यह कहा जा रहा है। सच यह है कि सिकंदर बने बिना जीत हासिल करना तकरीबन नामुमकिन है। सिकंदर ने आधी दुनिया जीतने का रिकौर्ड आज से सवा दो हजार साल पहले कायम किया था और अगर आज तक उसकी याद ताज़ा है तो इसीलिए कि उसकी तैयारी हमेशा लाजवाब रहती थी। यही बात दूसरे बड़े जनरलों या खिलाड़ियों के बारे में भी लागू होती है।

नैपोलियन कहा करते थे कि जंग के मैदान में कामयाबी की एक ही कुंजी है–'दिलेरी, दिलेरी और दिलेरी!' जाहिर है यह नुस्खा मैदान में उतरते वक्त नौजवान सिपाहियों का हौसला बढाने के लिए सुझाया गया है और इससे यह नतीजा नहीं निकाला जा सकता कि बिना लावलश्कर, साजोसामान के अकेली जांबाज दिलेरी जीत की गारंटी दिला सकती है। खुद नैपोलियन हो या सिकंदर किसी भी मुकाबले के लिए बड़ी मेहनत से तैयारी करते थे। हां, यह ना भूलें कि नेपोलियन यह दोहराते भी नहीं थकता था कि 'नामुमकिन' लफ्ज़ के लिए उसकी डिक्शनरी में जगह नहीं है।

नरेन्द्र मोदी के चुनाव अभियान में दिलेरी की कमी कभी नहीं दिखलाई दी और उनके तेवर भी 'नामुमकिन' लफ्ज़ को नकारने वाले ही नज़र आते रहे मगर इसके बावज़ूद उन्होंने तैयारी में कोई कोर कसर नहीं छोड़ी।

किसी भी सफर पर निकलने के पहले या जंग तो छोड़िए, खेल के मैदान में उतरने के पहले ठीक-ठाक तैयारी की दरकार होती है। इस मामले में लापरवाही बरतने वाला इसकी बहुत बड़ी कीमत चुकाने को मजबूर होता है।

इस तैयारी को आप चाहें तो कुछ दूसरा नाम भी दे सकते

हैं–प्लैनिंग याने 'नियोजन' या और कुछ मगर असली बात मंजिल तक पहुंचाने वाले रास्ते का नक्शा अपने दिमाग में साफ रखने की है। यह नक्शा कोई दूसरा आदमी आपके लिए नहीं बना सकता। अगर मकान बनाने की सोच रहे हैं तो ब्लूप्रिंट याने मकान का नक्शा बनाने में आर्किटेक्ट आपकी मदद जरूर कर सकता है पर आपकी जरूरत, चाहत और खर्च करने की आपकी हैसियत के बारे में सही जानकारी के बिना अच्छे से अच्छा नक्शा बेकार हो जाता है। आपकी अपनी ताकत-औकात और राह में पड़ने वाली अड़चनों मुश्किलों का अंदाज-अंदेशा लगाने के साथ इस काम को सबसे कम नुकसान उठाए या फिजूलखर्जी के कैसे किया जा सकता है यह कोई दूसरा आपको नहीं सुझा सकता।

सिर्फ नक्शा हाथ लग जाने से किसी गढे हुए खजाने तक नहीं पहुंचा जा सकता और नहीं नक्शे देखते रहने से दुनिया की सैर की जा सकती है। कहने का मतलब यह है कि दूसरे लोगों ने अपनी मंजिल तक का सफर कैसे तय किया है यह जानकारी हमारे लिए काम की जरूर होती है पर उसे हम जस का तस काम नहीं ला सकते। बदलते वक्त के साथ और अपने सामने कड़ी चुनौतियों को देखते हुए ही अपनी जरूरत के मुताबिक की गई तैयारी ही कामयाबी का भरोसा दिलाती है।

इसे अंग्रेजी में 'स्ट्रैटैजी' अर्थात् रणनीति कहते हैं। यह महज इत्तेफाक नहीं कि खेलों और तिजारत में भी इस लफ्ज का इस्तेमाल अपने मकसद को बेहतरीन ढंग से पूरा करने के लिए और दुश्मन को हराने के लिए या सामने खड़े खिलाड़ी को छकाने के लिए की जा रही तैयारी के बाबत किया जाता है।

बेहतरीन रणनीति को जिस कसौटी पर कसा जाता है वह कामयाबी है। हर सेनानायक या टीम का क़प्तान जिस रणनीति को बनाता है उस पर अपनी छाप छोड़ता है। आज से कई हजार साल पहले चीनी विद्वान् शुनत्ज़ू ने जंग जीतने की जो तरकीबें गिनाई हैं उनको जिंदगी में सिर्फ किताबी जानकारी के हिसाब से नहीं अपनाया जा सकता। जगह और वक्त की नजाकत को देखते हुए इनका इस्तेमाल ही जीत दिला सकता है।

किसी भी मुकाबले के लिए तैयारी का पहला कदम है अपनी और दुश्मन की ताकत और कमजोरियों का ठीक से अंदाजा लगाना साथ साथ इस बात की पड़ताल भी जरूरी है कि 'जंग' शुरू होने के बाद किन खतरों का सामना करना पड़ सकता है और किस तरह के मौके जीत का सेहरा अपने सिर बांधने के मिल सकते हैं। आजकल मैनेजमैंट के मुहावरे में

इसे 'स्वौट' अनालिसिस कहा जाता है–याने 'स्ट्रैंग्थ, वीकनैस, औपोरचुनिटी एँड थ्रैट्स' का सही सही अंदाजा लगा सकने की काबिलियत।

मोदी का चुनाव अभियान इस बात का सबूत पेश करता है कि जिंदगी की जंग जीतने के लिए किसी मैनेजमैंट स्कूल की डिग्री हासिल करना जरूरी नहीं। जिंदगी के तजुर्बे से ही बहुत कुछ सीखा जा सकता है। कुछ लोगों में यह काबिलियत पैदाइशी भी होती है।

मोदी की जबर्दस्त जीत का एक खास मंत्र यही बेहतरीन तैयारी रहा। अखाड़े में कुश्ती लड़ रहे दो पहलवानों में जीतता वही है जो यह भनक न लगने दे कि कब पैंतरा बदलेगा, कब लपकेगा-झपटेगा या झपटते ही पलटेगा, छकाते ही दांव लगा देगा किसी ऐसे पेंच में कस धूल चटा देगा जिसका कोई इशारा ही नहीं दिया था। जिसके साथ मुकाबला हो रहा है उसे इस बात की भनक नहीं लगनी चाहिए कि आपकी तैयारी कैसी है या आपने अपनी जीत के लिए क्या रणनीति बनाई है। तभी अचानक कुछ ऐसा कर आप मुकाबले में सामने खड़े इंसान को भौंचक्का कर असमंजस में डाल सकते हैं।

मोदी की कामयाब रणनीति का एक बहुत बड़ा हिस्सा इस

पर टिका था कि शुरू से ही तेज रफ्तार कायम रखी जाए और पीछा करने को वाले के लिए यह तय करना मुश्किल रहे कि उसे कितनी दूर तक इतना तेज चलना है। कुछ लोगों ने शुरू में यह शक जाहिर किया कि मोदी जल्दी ही थक जाएंगे और सुस्ताने के के लिए कहीं बैठेंगे। फिर हाल वही होगा–'किस्मत पे उस मुसाफिरे खस्ता के रोइए जो थक गया हो बैठ के मंजिल के सामने!' आज पीछे पलट कर देखने से यह साफ पता चलता है कि मोदी इस जोखिम से बेखबर नहीं थे। उन्होंने बड़ी खबरदारी से अपनी कूबत को मद्दे नज़र रख अपनी रफ्तार तय की थी। जाहिर है उन्हें खरगोश और कछुए की उस दौड़ की कहानी भी याद रही जिसमें सुस्ती से बहुत धीमे चलने वाले कछुवे की चुनौती को कमतर आंकने वाला तेज तर्रार मगर गाफिल खरगोश सोता रह गया था। इस बार खरगोश ने पीछे पलट कर देखने की गलती नहीं की। पीछा करने वाले भांप नहीं पाए कि वह सौ मीटर की दौड़ में मोदी का मुकाबला कर रहे हैं या मीलों लंबी मैराथौन में!

यह ठीक है कि मोदी का आत्मविश्वास बढ़ा-चढ़ा था और दिलेरी में वह 'वीर भोग्या वसुंधरा' वाले सूत्र को मार्गदर्शक मानते हैं, किसी तरह की भावुक कमजोरी कुरुक्षेत्र के मैदान में अर्जुन की तरह उन्हें असमंजस में डाल कमजोर नहीं कर

रही थी परंतु उन्हें लगातार इस बात का अहसास बना रहा कि मंसूबे मेहनत से ही पूरे हो सकते हैं। सोते हुए शेर के मुंह में हिरन खुद ब खुद दाखिल नहीं होते। इसीलिए जीत की जमीन तैयार करने के लिए मोदी ने तजुर्बेकार भरोसेमंद साथियों की टीम जुटाई। मोदी के सबसे खास सिपहसालार थे अमित शाह। उत्तर प्रदेश में भाजपा के संगठन में नयी जान डालने का काम उन्हीं ने कर दिखाया। इसी सूबे से लोकसभा में सबसे ज्यादा सांसद चुने जाते हैं। इस राज्य को मोदी की रणनीति में इसीलिए सबसे ज्यादा अहमियत दी गयी। खुद मोदी का वाराणसी से चुनाव लड़ने का फैसला भी इसी रणनीति का हिस्सा था। उत्तरप्रदेश के मतदाता के लिए यह लालच बहुत बड़ा था कि भावी प्रधानमंत्री उसी राज्य का हो।

मोदी को अपनी इस कमजोरी का अहसास था कि कुछ राज्यों मे भाजपा की मौजूदगी नाम भर की है। तामिलनाडु, पश्चिम बंगाल, पूर्वोत्तरी राज्यों और कर्नाटक से ज्यादा उम्मीद नहीं की जा सकती थी। आंध्रप्रदेश में तेलंगाना विवाद की वजह से कुछ कहना मुश्किल था। दूसरी तरफ गुजरात, राजस्थान, मध्यप्रदेश, छत्तीसगढ में भाजपा की स्थिति काफी मजबूत थी। जीत की रणनीति इस जमीनी हकीकत को ध्यान में रख कर तैयार की गयी थी।

असलियत यह है कि इस एक मंत्र में कई छोटे-छोटे मंत्र छिपे हैं। स्ट्रैटैजी में महारत हासिल कर चुके मशहूर जनरलों की राय है कि रणनीति मौके के माफिक होने पर ही माकूल और कामयाब हो सकती है। इसका सबसे अहम हिस्सा है 'टैक्टिक्स' अर्थात् वह हमले और छोटी-बड़ी मुठभेड़ें मुकाबले, दांव-पेंच जिनकी मदद से 'स्ट्रैटेजी' खेल, तिजारत या जंग में जीत को तयशुदा बनाते हैं। यह दांव-पेंच दूसरी तरफ की पहल या उसके जवाबी हमलों के मुताबिक बदले भी जा सकते हैं। हां, अगर मंझधार में या मुकाबले के बीच में स्ट्रैटेजी को बदलने की जरूरत महसूस होती है तो यही नतीजा निकाला जा सकता है की रणनीति में ही कोई खामी या खोट बची रह गयी थी। यह ठीक से नहीं तैयार की गयी थी।

वक्त की पाबंदी के साथ समय का सदुपयोग और मौके का फायदा उठाने के लिए तैयार रहना किसी भी स्ट्रैटेजी की कामयाबी के लिए बेहद जरूरी होते हैं। अंग्रेजी के मशहूर लेखक और कवि रडयार्ड किंपलिग की एक कविता में इस बात को बहुत दिलचस्प तरीके से समझाया गया कि अगर हम ६० सेकेंड वाले एक मिनट की फिजूलखर्ची से बचने में कामयाब होते हैं तो फिर घंटों का हिसाब-किताब खुद-ब-खुद ठीक होना शुरू हो जाएगा! पता नहीं नरेन्द्र मोदी ने कभी यह

कविता पढी या नहीं पर काम करने के उनके तौर तरीके से यही लगता है कि वह समय का सदुपयोग करना जानते हैं। दिन के चौबीस घंटों का कार्यक्रम तय कर और हर लम्हे की कीमत समझते हुए उसका भरपूर फायदा उठाने की कोशिश पूरे चुनाव अभियान के दौरान जारी रही। मोदी को फुर्सत कम मिलती थी पर जो वक्त खाने पीने या आराम के लिए मुकर्रर था उसका इस्तेमाल भी भरपूर जरूरी जानकारियां हासिल करने के लिए या कोई कुतूहल शांत करने के लिए किया जाता था।

स्पष्ट लक्ष्य: सुनियोजित रणनीति

चुनावों की घोषणा के साथ ही मोदी ने यह एलान कर दिया था कि वह स्पष्ट बहुमत पाने के लिए लड़ाई लड़ रहे हैं। उनका लक्ष्य कम से कम २७२ सीटें अकेले अपने बूते पर हासिल करने का है। उस वक्त कई लोगों को जिनमें भाजपा के समर्थक भी थे यह बड़बोलापन लग रहा था। अधिकांश का मानना था कि भाजपा को अधिकतम १८०-१९० सीटं ही मिल सकती हैं। यदि उसके अपने इतने सांसद जीत कर सदन में पहुंचते हैं तब फिर सरकार बनाने लायक समर्थन जुटाना कठिन नहीं होगा। कुशल सेनानायक की तरह मोदी ने

कभी भी **'मिशन-२७२'** को नज़रंदाज नहीं होने दिया। बल्कि अपने भाषणों में वह भारत भर में तीन सौ कमल खिलाने की बात करते रहे। इसका नतीजा यह हुआ कि लक्ष्य हमेशा साफ दिखलाई देता रहा।

इस लक्ष्य की प्राप्ति के लिए जो रणनीति अपनाई गयी वह जमीनी हकीकत को ध्यान में रखते हुए तैयार की गई। कांग्रेस और यूपीए के प्रति आम आदमी की नाराजी काफी समय से खौल रही थी परंतु मोदी सिर्फ इस भरोसे नहीं बैठे रहे कि 'एंटी इनकंबेंसी' ही उन्हें जीत दिला देगी। **भारत विजय रैलियों** का आयोजन बड़ी सूझ बूझ के साथ इस प्रकार किया गया कि क्रमशः कार्यकर्ताओं तथा समर्थकों का मनोबल बढता रहे, एक जगह का सफल आयोजन दूसरी जगह प्रतियोगिता के भाव को जन्म दे। देश के मानचित्र पर विभिन्न राज्यों में जो रैली स्थल चुने गए उनका प्रतीकात्मक महत्व ध्यान में रखते हुए मोदी ने अपने जनसंबोधनों में स्थानीय संदर्भों तथा ऐतिहासिक घटनाओं का समावेश किया। हर जगह नौजवान मतदाता की समस्याओं, उसकी आकांक्षाओं को मोदी ने अपने भाषणों में प्रमुखता दी।

4

अथक मेहनत, कड़ा अनुशासन

लगभग **नौ महीने** तक नरेन्द्र मोदी ने जिस तेज रफ्तार से चुनाव अभियान का संचालन किया वह भारतीय जनतंत्र के इतिहास में अभूतपूर्व है। अंतिम **४५ दिनों में ही मोदी ने २५ राज्यों में १९६ रैलियां कीं।** अकसर वह एक जगह जनसभा को संबोधित करने के बाद पड़ौसी राज्य में नहीं बल्कि देश के दूसरे दूरस्थ प्रदेश में पहुंचते थे। कई बार उनके विरोधियों ने यह शंक जाहिर किया कि वह इस रफ्तार को देर तक बरकरार नहीं रख सकते। चुनाव के पहले ही वह थक जाएंगे और पस्त हो कर मजबूरन आराम करने के लिए बैठने लगेंगे। कुछ आलोचक यह कटाक्ष भी करते थे कि 'मैराथौन

की कोसों लंबी दूरी को १०० मीटर की स्प्रिंट की तरह नहीं दौड़ कर नापा जा सकता!' मोदी ने यह कर दिखलाया।

जाहिर है कि वह इस खतरे से बेखबर नहीं थे–व्यक्तिगत रूप से यह परमावश्यक था कि उनकी सेहत उनका साथ दे। लगातार दौरे करते समय भी सात्विक-पौष्टिक खूराक और आराम के इंतजाम के बिना यह नामुमकिन था। कभी भी कहीं पर कोई अड़चन पहले से तय कार्यक्रम को अव्यवस्थित कर सकती थी–ऐसी हालत में कम से कम व्यवधान के बाद फिर तय कार्यक्रम के अनुसार ही चुनाव अभियान जारी रखने की जिम्मेदारी प्रबंधकों की थी। न केवल प्रधानमंत्री पद के प्रत्याशी वरन सहयोगियों-सहायकों के लिए भी मतदान निर्विघ्न संपन्न होने तक सतर्कता में कोई कसर करना असंभव था।

जाहिर है कि इस अभियान के लिए **असाधारण अनुशासन** की दरकार थी। अकसर किसी कठिन चुनौती का सामना करते वक्त युद्ध स्तर पर काम करने की जरूरत का उल्लेख होता है। फौजी डिसिप्लिन को सर्वश्रेष्ठ समझा जाता है। इसमें कोई संदेह नहीं कि मोदी का चुनाव अभियान युद्ध स्तर पर सैनिक अनुशासन के साथ संचालित किया गया

पर इसके साथ एक और महत्वपूर्ण बात को रेखांकित किया जाना जरूरी है। ऊपर से थोपा गया अनुशासन बहुत देर तक झेला नहीं जा सकता। असली असर **आत्मानुशासन** का ही होता है। मोदी के व्यक्तिगत उदाहरण ने अनगिनत साधारण कार्यकर्ताओं को अनुशासित सैनिकों के रूप में काम करने को प्रेरित किया। यह कम आश्चर्यजनक नहीं कि इस लंबी अवधि में कहीं भी यह आत्मानुशासन भंग नहीं हुआ। इसकी सबसे बेहतरीन उदाहरण पटना वाली रैली थी जहां अनेक बम धमाकों के बावजूद कोई भगदड़ नहीं मची।

5

नई पहल का साहसः टैक्नौलौजी और नया मीडिया

किसी भी बड़े काम को अंजाम देने के लिए जो कुछ साधन सुलभ हों उनका अपनी जरूरत के मुताबिक इस्तेमाल किसी भी मुकाबले में जीत को आसान बनाता है। किसान या कारीगर जिन औजारों की मदद लेता है, या सिपाही जिस तरह के हथियारों से लड़ाई लड़ता है, उसकी कामयाबी काफी बड़ी हद तक इन पर टिकी रहती है। टैक्नौलौजी की दुनिया में तेजी से होने वाले बदलाव का फायदा भी वही उठा सकता है जिसकी नज़र नये औजारों-साधनों-माध्यमों–की लगातार टोह लेती रही हो। मोदी इस मामलें में बहुत दूरंदेश साबित हुए।

गुजरात के मुख्यमंत्री के रूप में दूसरी बार काम करते वक्त ही उन्होंने भ्रष्टाचार घटाने और बेहतर सरकार चलाने के लिए 'इंफौर्मेशन टैक्नौलौजी' याने कंप्यूटर, इंटरनैट वगैरह का बड़े पैमाने पर इस्तेमाल करना शुरू कर दिया था। स्कूल मास्टरों की भरती को कंप्यूटरों की मदद से 'औन लाइन' किया जाने लगा। काम करने के इस पारदर्शी तरीके ने नौजवान उम्मीदवारों तथा उत्साही सरकारी अफसरों को जोश से भर दिया। इस तजुर्बे का भरपूर फायदा २०१४ के चुनाव अभियान में उठाया जा सका।

जब-जब मोदी टैक्नौलौजी की मदद से आम हिंदुस्तानी की जिंदगी को बेहतर बनाने की बात करते सुनने वालों को ऐसा नहीं लगता कि वह कोई अजीबोगरीब किस्सा गढ रहे हैं। २०१३ के अंत में अपने एक भाषण में मोदी ने कहा, **'मैं इंफौर्मेशन टैक्नौलौजी को बदलाव के एजेंट की शक्ल में देखता हूं। यह लोगों को ताकतवर बनाती है, भारत के दूर-दराज इलाकों को एक दूसरे से जोड़ती है और मांग तथा पूर्ति के बीच की खाई को पाटती है। यह हमें ज्ञान के (भंडार के) करीब पहुंचाती है।'** अपनी रोजमर्रा की जिंदगी में मोबाइल फोन और ई-मेल का इस्तेमाल करने वाले लोगों को बाकी बात ज्यादा तफसील से समझाने की जरूरत बाकी नहीं रहती

थी। टैक्नौलौजी के बारे में मोदी का सोच और सपना उन्हें अपना ही लगता था।

मोदी टैक्नौलौजी लफ्ज का इस्तेमाल एक जादुई मंत्र की तरह नहीं करते थे बल्कि उसे एक उपयोगी औजार के रूप में पेश करते थे। जो मिसालें वह देते वह आम आदमी की समझ में आसानी से आती थीं। **'इंफौर्मेशन टैक्नौलौजी को अदालती काम काज से जोड़ कर इंसाफ में देरी को दूर किया जा सकता है। इसी के जरिए आम आदमी को कानूनी जानकारी भी दी जा सकती है। इसे कानून और व्यवस्था में सुधार लाजिमी है।'**

जिस वक्त मोदी के विरोधी गुस्सैल बयानबाजी कर रहे थे मोदी टैक्नौलौजी के प्रति अपने सकारात्मक सोच और गहरी दिलचस्पी का इजहार करने में जुटे रहे। सुनने वालों को यह ताजा हवा के झोंके की तरह लगा। खासकर वोटरों के उस नौजवान तबके को जो इंफौर्मेशन टैक्नौलौजी के उफान के साथ ही बड़ा हुआ है लगने लगा कि मोदी उन्हीं के मुहावरे में बात करते हैं। अपने एक चुनावी भाषण में मोदी ने कहा, 'यह सदी "आभासित दुनिया" की याने "**वर्चुवल वर्ल्ड**" की है। यह मुमकिन है कि आने वाले दिनों में उत्पादन और खरीद

फरोख्त भी इसी तरह से होने लगे। **बदलाव तेजी से आ रहा है और यह जरूरी है कि हमारे शहरी इलाके इस बदलाव के साथ कदम मिला कर चलें।'** **इंटरनैट** के जरिए **'ई-बे'**, '**अमाजोन**' और **'फ्लिप कार्ट'** से किताबें, कैसेट, पोशाकें, और दूसरी चीजें खरीदने वाले या **ई-मेल** की मदद से रेल या हवाई यात्रा का टिकट हासिल करने वाली पीढ़ी को यह तिलिस्मी नहीं लगता था।

तक्नौलौजी के जिस चमत्कार का सबसे सफल प्रयोग मोदी ने किया वह नये मीडिया से जुड़ा था जिसे अकसर **सोशियल मीडिया** भी कहा जाता है। मोदी को इस बात का अहसास था कि बड़े (खासकर अंग्रेजी) अखबार और टीवी चैनेल उनके खिलाफ थे। सेकुलरिज्म बनाम सांप्रदायिकता और जनतंत्र बनाम फासीवादी तानाशाही की जो नूरा कुश्ती संचार माध्यमों में लगातार लड़ी जा रही थी उसकी वजह से मोदी के लिए यह बेहद जरूरी हो गया कि मतदाता तक अपनी बात पहुंचाने के लिए वह किसी दूसरे मीडिया का सहारा लें।

जो रणनीति मोदी ने अपनाई वह दोधारी थी–एक ओर उन्होंने बहुत बड़े पैमाने पर सीधे जनता से बात करने का फैसला लिया। यह काम नौ-दस महीने में देश भर के

दर्जनों ताबड़तोड़ दौरे कर विशाल जनसभाओं में जुटी भीड़ के सामने भाषणों से पूरा करने का कार्यक्रम बनाया गया। जहां तक मोदी खुद नहीं पहुंच सकते थे वहां तक अपनी पहुंचाने के लिए **नये मीडिया–इंटरनैट, ट्विटर और फेसबुक** को अपनाया गया। याद रखने लायक बात यह है कि अन्ना हजारे और अरविंद केजरीवाल वाले जनांदोलन के वक्त भी **सोशियल मीडिया** का काफी इस्तेमाल किया गया था–खास कर **मोबाइल फोन** पर **एसएमएस** का। दूसरों के अनुभव से सीखने में मोदी को कभी शर्म महसूस नहीं हुई। अपने अभियान के लिए उन्होंने आप पार्टी के दिल्ली में आजमाए तरीके को और ज्यादा संवार कर इस्तेमाल किया।

जाहिर है कि नये सोशियल मीडिया का जिस तरह इस्तेमाल दुनिया भर में किया जा रहा था उस पर मोदी की पैनी नज़र रही थी। 'अरब बसंत' का ज्वार इसी के सहारे चढा था और ईरान में चुनाव जो या ऊक्रेन या रूस में असंतोष और सरकार के खिलाफ गुस्से का इजहार फेसबुक और ट्विटर ने यह बखूबी दिखला दिया था कि बड़े पारंपरिक मीडिया की बेड़ियों से छुटकारा कैसे पाया जा सकता है।

मजे की बात यह रही कि जहां एक तरफ मोदी पर फासीवादी

तानाशाही के इल्जाम लगाए जा रहे थे वहीं मोदी नये मीडिया की मदद से खुद को अपने विरोधियों से कहीं ज्यादा जनतांत्रिक साबित करने में कामयाब रहे। २०१३ में फिक्की की बैठक को संबोधित करते उन्होंने सुनने वालों से यह गुजारिश की कि वह अपने सुझाव **फेसबुक** और **ट्विटर** के अपने खातों से उनको भेजें ताकि वह उनको अपने अजैंडे में शामिल कर सकें। खास तौर से इस काम के लिए चुने साथियों की मदद से मोदी इन संदेसों का फौरन जवाब और पहुंच देने में चूकते नहीं थे। इससे संदेस भेजने वाले को महसूस होता था कि उनका सीधा नाता मोदी से जुड़ चुका है।

मोदी ने सोशियल मीडिया के खजाने का कोई भी औजार छोड़ा नहीं। **'गूगल हैंग आउट'** हो या **'३-डी होलोग्राम'** इनके जरिए वह वहां अपनी मौजूदगी दर्ज करा सके जहां वह खुद नही पहुंच सकते थे। इस तरह की टैक्नौलौजी को हिंदुस्तान में पहले किसी ने इस्तेमाल नहीं किया था और मोदी की आलोचना इस बात के लिए की गयी कि वह अमेरिकियों के नकलची हैं और यह फिजूलखर्ची रंग नहीं ला सकती। मोदी की जीत ने इस तरह का शक करने वालों को गलत साबित कर दिया है।

मोदी के समर्थकों ने **'चाय पर चर्चा'** नाम से **वर्चुअल बैठकों** का बंदोबस्त किया जहां ३-डी होलोग्राम वाली आदमकद से कहीं बड़ी तस्वीर प्रकट होती थी। बहुत सोच बिचार कर तय की गई जगह पर जब बड़े-बड़े पर्दे लगाए जाते तो तमाशबीन खुद ब खुद यह देखने को जुटने लगते कि क्या होने जा रहा है? मोदी की 'वर्चुअल रैलियों' का एक साथ प्रसारण १००-१५० जगहों पर देखा जाता था। यह नया 'तमाशा' खासा लोकप्रिय होने लगा। आसानी से इस बात का अंदाजा लगाया जा सकता है कि हर एक जगह पर एक–डेढ़ हज़ार देखने-सुनने वाले की कुल तादाद भी जोड़ने पर लाख का आंकड़ा पार कर जाती थी। कुल १० ऐसी रैलियों ने मोदी को अलग अलग विषयों पर जनता के साथ लगातार संवाद का मौका दिया।

अप्रैल में अपनी पहली ३डी रैली में मोदी ने जिस ढंग से अपनी उम्मीदवारी पेश की वह नए सोशियल मीडिया के मिजाज और मुहावरे के हिसाब से तय किया कदम था। देखने-सुनने वालों को सोचने के लिए मजबूर करने वाले अंदाज में उन्होंने कहा ***'मुझे जात, बिरादरी और धर्म के नाम पर वोट मत दीजिए!'*** जो लोग मोदी को फिरकापरस्त और वोटबैंको के ध्रुवीकरण की राजनीति कर जीत हासिल

करने वाला कहते रहे थे उनके लिए इसके बाद यह तोहमत लगाना मुश्किल हो गया। इस नए मीडिया में असरदार होने के लिए कम से कम लफ्जों में ज्यादा से ज्यादा बात कहने की काबिलियत होनी चाहिए। 'सर्फ' करने वालों, याने इंटरनैट की लहरों पर तैरते रहने के शौकीन, को देर तक कहीं अटकने की फुसर्त नहीं होती। गागर में सागर ही उसको रास आते हैं। पहली पंसद होते हैं एक बूंद में ही गागर वाला सागर परोसने वाले। **ट्विटर** की एक टिटहरी में संदेश (तारीफ या गाली गलौज समेत) कूकने के लिए सिर्फ १६० अक्षर इस्तेमाल किए जा सकते हैं। औसतन तीसेक शब्द! मतलब किसी लंबी चौड़ी बहस या सवाल जवाब की गुंजाइश यहां नहीं होती। पर इसका मतलब यह नहीं कि इसका इस्तेमाल गहरा घाव और दूर तक मार करने वाले अचूक हथियार (ब्रह्मास्त्र) की तरह नहीं किया जा सकता।

नेता का एक संदेश या उसके पक्ष तिपक्ष में कही कोई बात उसके 'पिछलगुए' ट्विटर की भाषा में 'फौलोवर्स' अपनी 'ट्वीट्स' के जरिए अनगिनत लोगों तक पहुंचाते हैं। उनकी आपसी नोंक-झोंक किसी भी मुद्दे को देर तक सुर्खियों में बनाए रख सकती है। 'फेसबुक' और 'ब्लौग' में जहां जरा तफसील से अपनी बात कही जा सकती है यह 'खेल' जारी

रहता है। मोदी की पहली वर्चुअल रैली १०० जगहों एक साथ देखी गयी और उसने मोदी के बारे में इस दुष्प्रचार को कम करने में बड़ा रोल निभाया। लोग यह सोचने को मजबूर हुए कि अगर मोदी खुद ललकार रहे हैं कि धर्म या जाति-बिरादरी के नाम पर मुझे वोट मत देना तब फिर वोट मांग किस बिना पर रहे हैं? मोदी ने बड़ी दूरंदेशी से यह बात साफ कर दी कि वह **विकास के नाम पर वोट** मांग रहे हैं।

कोई दस एक दिन बाद २सरी ३-डी रैली बाबासाहेब **भीमराव अंबेडकर के सम्मान में थी।** भले ही मोदी सीधे-सीधे जाति के नाम पर वोट नहीं मांग रहे थे पर यह एहतियात भी बरत रहे थे कि किसी भी तबके को, जो इस बारे में संवेदशील हो किसी तरह की नाराजी का अहसास न हो और नही उसे नज़रंदाज किए जाने की शिकायत होने पाए। जहां मोदी 'सबका विकास सबका साथ' वाली बात कर रहे थे उन्हें यह बात अच्छी तरह पता थी कि दलित भाई बहिनों की सामाजिक हिकारत और भेदभाव से जुड़ी शिकायतें आर्थिक विकास के दायरे से इतर हैं। इस रैली ने यह संदेश दिया कि जात-पांत की वोट बैंक वाली राजनीति को छोड़ने का मतलब दलितों के हितों की अनदेखी नहीं समझा जाना

चाहिए। साथ ही इशारों में ही यह बात जगजाहिर की जा रही थी कि कुनबापरस्त चापलूसों ने कैसे अनेक महापुरुषों को वह इज्जत नहीं बख्शी जिसके वह हकदार हैं।

हफ्ते भर बाद ३सरी ३-डी रैली में मोदी ने यह मुद्दा उठाया कि आज **देश को वयस्क, प्रौढ राजनाति की दरकार है।** इशारा साफ था कि उनके मुकाबले में खड़े लोग बचकानी, गैरजिम्मेदार राजनीति कर रहे थे और सरकार उन्हीं के तुनकमिजाज इशारों पर कठपुतली की तरह नाच रही थी।

४थी ३-डी रैली के आयोजन तक लोगों के मन में इन २१वीं सदी की रेलियों को ले कर खासा कुतूहल पैदा हो चुका था। जहां मोदी अपनी सभाओं में कुछ बुनियादी बातें हर बार करते थे हर रैली में कुछ न कुछ नया जरूर होता था। इसके अलावा मोदी का **'अंदाजे बयां'** दूसरे नेताओं से बहुत फर्क था और **'कुछ अपना बयान गालिब'** वाली उनकी निराली अदा इन 'वर्चुअल रैलियों' के लिए दर्शक-श्रोताओं की भीड़ जुटाने में मददगार रही। अप्रेल का महीना खत्म होने के पहले ही ५वीं ३-डी रैली संपन्न हो चुकी थी जिसमें मोदी ने मतदाता से अपील की **'इस बार हर जगह मतदान का नया रिकौर्ड कायम करें!'**

नौजवानों की नब्ज पकड़ते हुए चुनाव प्रचार के लिए जो गाना रचा गया और जो धुन बनाई गई उसका बीड़ा मशहूर गीतकार और स्क्रीन राइटर प्रसूनजोशी को सौंपा गया– जिन्होंने आमिर खान के साथ मिल कर 'रंग दे बसंती' जैसी हिट फिल्में बनाई हैं। इस विडियो के लिए खुद मोदी की ही आवाज इस्तेमाल की गई और उनका चेहरा भी कलात्मक तरीके से बीच बीच में झलकाया गया। कुल मिला कर देखने वाले को यह इश्तेहार नहीं, बल्कि मोदी के साथ सीधी जरा सुरीली बातचीत का ही हिस्सा लगता था जिसमें वह अपने वादे और इरादे ही जरा फर्क, मनोरंजक तरीके से पेश कर रहे थे। पार्टी या नेता के नाम पर सीधे वोट मांगने की बजाय देशप्रेम के जज्बे को उभारा गया और स्वाभिमान की याद दिलाई गई। इसमें अचरज की कोई बात नहीं कि 'मैं देश नहीं मिटने दूंगा मैं शीश नहीं झुकने दूंगा' बहुत जल्दी काफी लोकप्रिय हो गया। जो बात कही जा रही थी उसके खिलाफ मुंह खोलना नामुमकिन था।

२०१४ के चुनावों में १५ करोड़ नौजवान वोटरों ने हिस्सा लिया। इनमें दस करोड़ नये मीडिया से अच्छी तरह वाकिफ थे। यह अंदाज लगाया जा रहा है कि इनमें से ७५ फीसदी शहरी और कस्बाती मतदाताओं ने मोदी को अपना वोट

दिया। मोदी इसलिए इनका दिल जीतने में कामयाब हुए क्योंकि उन्हें पता चल गया था कि बदलाव की हवा किस ओर बह रही है।

6

सपने और सोच की साझेदारी

पंजाबी के मशहूर शायर अवतार सिंह 'पाश' की एक नज्म में कहा गया है–'सबसे खतरनाक होता है हमारे सपनों का मर जाना!' सच है, बिना सपनों के ना तो इंसान की जिंदगी जीने लायक बचती है न कौम की। बचपन से होश संभालते ही बुढापे की दहलीज तक। लोग तरह तरह के सपने देखते हैं सपने देखना कभी खत्म नहीं होता। कुछ सपने हम अपने लिए संजोते हैं तो कुछ उनके लिए जो हमारी जिंदगी से जुड़े होते हैं। यह सपने होते हैं खुशहाली के और खुशी के। सपने देखते ही हम अपनी मंजिल तय करते हैं और इन सपनों को पूरा कर सकने की हसरत ही हमें रास्ते की रुकावटों मुसीबतों

की फिक्र किए बगैर आगे बढते रहने का हौसला देती है। बाइबिल में एक जगह कहा गया है, 'तुम्हारे नौजवान सपने देखेंगे और बुजुर्ग दूरंदेशी सोच विचार करेंगे।' मतलब साफ है कि सपने पूरा करने के लिए दूरदर्शी नज़र बेहद जरूरी है। अंग्रेजी में इसे ही 'विजन' कहते हैं। भविष्य किस तरह का होगा इसका अनुमान लगाने के बाद ही सपने साकार करने के लिए सही तैयारी की जा सकती है। पुराने जमाने में ऋषि कहलाने वालों की यही भूमिका थी कि वह अपनी दूरंदेशी नज़र से दूसरों को–कम अनुभवी, नौजवानों को–राह दिखला सकें। आज हम यह बात करीब करीब भूल चुके हैं कि ऋषि शब्द का अनुवाद है देखने वाला अर्थात् वह सब देख सकने वाला जो दूसरों की नज़र से ओझल रहता है।

सामाजिक और राजनैतिक जीवन में सपनों और इस दूरंदेशी सोच के बिना कुछ भी हासिल नहीं किया जा सकता। नेता की सबसे बड़ी खासियत दूरंदेशी सोच है–मानव जाति के इतिहास में जितने भी महान नेता हुए हैं वह सभी 'विजनरी' कहलाते हैं। एक बात और। अपने निजी सपने की साझेदारी लाखों लोगों के साथ जब कोई ओजस्वी नेता करता है तब वह सपना भी धीरे धीरे 'विजन' में बदलने लगता है। आम आदमी के लिए 'विजन' का मतलब है भविष्य के सपने की

साझेदारी! सपने या सपनों की साझेदारी ही हमें विकट से विकट मुश्किलों से एक जुट हो कर जूझने की ताकत देती है और खतरनाक मुठभेड़ों में साथ लड़ी लड़ाई की यादें ही सपनों की साझेदारी को जिंदा रखती हैं।

अमेरिका में रंगभेद और नस्लवाद के खिलाफ जबर्दस्त जंग में कामयाबी हासिल करने वाले मार्टिन लूथर किंग ने एक बार यह कह कर पस्त पड़ रहे अश्वेत अमेरिकियों में नई जान डाल दी थी, 'मेरा एक सपना है!' यह सपना था 'बराबरी' का—सामाजिक न्याय का। बरसों बाद इसी तरह का नारा बुलंद किया था हिंदुस्तान के नौजवान प्रधानमंत्री राजीव गांधी ने। मार्टिन लूथर किंग के लफ्जों को उधार लेते उन्होंने एलान किया, 'मेरा भी एक सपना है!' यह सपना था खुशहाल भारत का, भ्रष्टाचार से मुक्त भारत का, २१ वीं सदी में दाखिल होने के लिए तैयार और टैक्नौलौजी की दुनिया में बढ़े-चढ़े हिंदुस्तान का।

इसके पहले भी बड़े-बड़े नेताओं ने देश की तरक्की और आम आदमी की जिंदगी की बेहतरी के सपने देखे हैं और इनका साझा किया है। गांधी जी का सपना था 'हर आंख से हर आंसू पौंछना' और गरीब दबे, पिछड़े जरूरतमंद लोगों की

कतार में आखिरी इंसान को राहत पहुंचाने का। गांधी के सपनों का भारत था आत्म निर्भर गांवों, खुशहाल किसानों और कारीगरों का। हर हाथ को काम और मेहनतकश को वाजिब दाम दिलाने का सपना इसी बड़े सपने का हिस्सा थे।

गांधी ने नेहरू को अपना राजनैतिक वारिस बनाया था यह जानते हुए कि नेहरू का सपना कुछ और था। वह चाहते थे कि हिंदुस्तान पिछड़ेपन से निजात पाने के लिए बड़े-बड़े कल कारखाने बनाए, नए शहर बसाए, ऊंचे-लंबे बांधों का निर्माण करे और सदियों की गुलामी की वजह से जिस गरीबी और कमजोरी का शिकार रहा है उससे छुटकारा पाए। वह बांधों और फैक्ट्रियों को नए हिंदुस्तान के नए मंदिर, मस्जिद, गिरिजाघर कहते थे। आजादी के ठीक बाद के बरसों में नेहरू के सपने ने हिंदुस्तान के अवाम को जोश से भर दिया था और इसी सपने ने पांच साला योजनाओं के बारे में लोगों में नई उम्मीद जगाई थी।

हमारे लिए यह समझना जरूरी है कि गांधी और नेहरू के सपनों में कोई बैर नहीं था–दोनों एक दूसरे को पूरा करने के लिए जरूरी थे। बदकिस्मती से गांधी की शहादत के बाद उनका सपना नाम लेने भर को बचा रहा नेहरू के शहरी

और औद्योगिक तरक्की वाले सपने ने उसे हाशिए पर पहुंचा दिया। बरसों तक नेहरू और फिर लंबे अरसे तक इंदिरा गांधी के राज ने किसी को यह फुर्सत नहीं दी कि वह अन्य नेताओं द्वारा देखे-दिखलाए सपनों की बात कर सके।

मसलन सरदार पटेल का सपना सामंती जोर जबर्दस्ती से मुक्त एक ताकतवर हिंदुस्तान का जिसकी एकता और अखंडता को कोई खतरे में डालने की हिम्मत न कर सके। आजादी के बाद साढे पांच सौ से ज्यादा रियासतों और रजवाड़ों को भारतीय गणराज्य में मिला कर इस सपने को उन्होंने साकार किया। मौलाना आज़ाद सरदार के सहयोगी थे और उनका सपना था सांप्रदायिक सद्भाव का।

लाल बहादुर शास्त्री बहुत कम समय के लिए प्रधानमंत्री रहे पर जिस सपने का साझा उन्होंने अपने देशवासियों के साथ किया था उसकी याद आज भी ताजा है। यह सपना था अपनी सरहद की हिफाजत में समर्थ, अपनी भूख मिटाने में समर्थ हिंदुस्तान का। 'जय जवान! जय किसान!' का नारा किसान और सिपाही दोनों को बराबरी का दर्जा देता था।

इंदिरा गांधी ने जो सपना दिखाया वह था गरीबी हटाने का। शुरू में इस सपने को पूरा करने के वादे ने भी करोड़ों

हिंदुस्तानियों को उनके साथ जोड़ा पर जैसे-जैसे यह बात सामने आई कि यह सपना महज चुनावी नारा है मतदाता का भ्रम टूटने लगा। इमर्जेंसी के बाद दुबारा ऐसे किसी सपने का जादू जगाने में इंदिरा नाकामयाब रहीं। तब भी इस बात को नकारा नहीं जा सकता कि देश की एकता-अखंडता और गौरव को बरकरार रखने की अहमियत वह कबूल करती थीं। ताकतवर हिंदुस्तान के सपने को पूरा करने के लिए ही हरित क्रांति और पोखरण के एटमी परीक्षण को अंजाम दिया जा सका।

नरेन्द्र मोदी सपनों की ताकत समझते हैं इसीलिए अपने चुनाव अभियान की नींव उन्होंने रखी एक ताकतवर सपने पर। असलियत यह है कि मोदी के सपनों का भारत अतीत में देखे गए कई सपनों का निचोड़ है। इसमें कहीं स्वामी विवेकानंद और श्री अरविन्द का 'विजन' झलकता है तो कहीं भगतसिंह, रामप्रसाद बिस्मिल और अशफाकुल्ला जैसे क्रांतिकारियों की बेचैन जवानी का जोश उफनता महसूस होता है। यह सपना बहुत सारी हसरतें-चाहतें-अरमान अपने आप में समेटता है। इस सपने में गांव और शहर का झगड़ा नहीं, और न ही खेती बाड़ी और उद्योग धंधे एक दूसरे के बैरी है। यह सपना हमें याद दिलाता है कि कितने सारे

काम अभी अधूरे पड़े हैं जिन्हें हमें पूरा करना है। यह सपना है–'एकता और विकास का, भव्य भारत का, जनकल्याण और सुशासन का'।

जिस अवसर को इस सपने की साझेदारी की लिए मोदी ने चुना वह इस काम के लिए बहुत माफिक था। सरदार पटेल की स्मृतियां जुड़ी हैं देश की एकता-अखंडता को अक्षत रखने के लिए। २४ मार्च २०१४ सरदार सरोवर में सरदार पटेल की विशाल लोहे की मूर्ति की नींव रखते वक्त मोदी ने अपने भाषण में अपने सपनों के भारत की रूपरेखा प्रस्तुत की–यह सपना ऐसा था जिसका साझा करने में किसी को कोई हिचक नहीं हो सकती थी। यह **सपना है भारत की एकता का, भव्य भारत का, विश्व में भारत की प्रतिष्ठा का।**

मोदी की सबसे बड़ी कामयाबी यह रही कि उन्होंने अपने सपने को आम आदमी के सपनों के साथ जोड़ दिया। बदलाव के सपने को मोदी ने गरीब नौजवानों और किसानों की जरूरतों और चाहतो को पूरा कर सकने वाले के लिए बदलाव की जरूरत के रूप में पेश किया। अप्रैल में उजियारपुर बिहार में उन्होंने कहा **'मैं गरीबों, किसानों और नौजवानों की जिंदगी बदलना चाहता हूं!'** आगे चल कर उन्होंने इसे

भाजपा के सपने का अभिन्न हिस्सा बताना शुरू किया। मई के महीने में महाराजगंज बिहार की एक सभा में मोदी ने यह कह कर कि **'भाजपा का सपना है गावों की खुशहाली और किसानों की तरक्की!'** मोदी ने बदलाव को पर्याय बना दिया विकास का–ऐसी राजनीति का–जो **नौजवानों के लिए रोजगार के मौके सुलभ करान सके, हिंदुस्तान के नागरिकों को उनका आत्म सम्मान लौटा सके।** बेहतर भविष्य के इस सपने में सभी की साझेदारी पर वह लगातार जोर देते रहे। **'सबका साथ और सबका विकास' की बात करने वाले मोदी ने कई जनसभाओं में यह संकल्प किया 'मैं वादा करता हूं आपके सपने मैं पूरा करूंगा।' जैसे-जैसे चुनाव अभियान ने तेज रफ्तार पकड़ी मोदी के सपने और जन जन के सपनों में कोई अंतर नहीं रहा।**

मोदी मतदाता को यह समझाने में बखूबी कामयाब रहे कि **'२०१४ का चुनाव नौजवानों के भविष्य के बारे में है!' इसके साथ ही उनके इस दलील की काट कोई नहीं कर सका कि विकास ही धर्मनिरपेक्षता को महफूज रख सकता है। बीदर में उन्होंने दो टूक कहा, भाजपा की धर्मनिरपेक्षता विकास है!**

मोदी ने इस बात पर लगातार जोर दिया कि **एकता ही**

हमारे गौरवपूर्ण भविष्य की गारंटी है और इस एकता का कोई विरोध हमारी विविधता से नहीं। इसके साथ ही उन्होंने श्रोताओं को याद दिलाया कि **अपनी जड़ों से कटा कोई भी वृक्ष चाहे कितना भी विशाल क्यों न दिखलाई दे भीतर से कमजोर ही रहता है। पनप नहीं सकता। अपने संस्कारों की विरासत को नकार कर हम आगे नहीं बढ़ सकते।**

देश की प्रगति का सपना जुड़ा है देश के विकास के सपने के साथ–ऐसा विकास जो अधिकतम जनता का कल्याण सुनिश्चित कर सके। 'ब्रांड इंडिया' का अर्थ है सर्वश्रेष्ठ होने की ललक और अपनी जिम्मेदारी का अहसार्स कोरा घमंड नहीं।

जीत के बाद जश्न मनाने वाला देर तक कामयाब नहीं रह सकता। असली विजेता वही होता है जो याद रखता है– 'सितारों के आगे जहां और भी हैं!'